Inhaltsverzeichnis

Zu diesem Heft wird das miniLÜK©-Kontrollgerät benötigt

Gerade ist meinen Freunden und mir etwas Unglaubliches passiert. Ganz schön aufregend.

Tesmo, Fita, Ellot und ich haben uns nach dem Kindergarten auf den Dachboden der Schule Zahlka geschlichen. Dort steht die verstaubte Beam-Maschine. Man sagt, sie sei schon uralt. Eigentlich dürfen wir dort auch nicht alleine spielen, aber es ist so geheimnisvoll, dass wir es einfach nicht lassen können. Weißt du, was die Maschine kann? Du stellst dich in die Mitte, drückst einen Knopf und gibst ein, wo du hinreisen möchtest.
Das geht überall dorthin, wo auch eine Beam-Maschine steht.
Dann verschwindest du und tauchst direkt an dem Ort wieder auf, den du dir ausgesucht hast. Genial, oder?

Tesmo hat sich eben in die Maschine gestellt. Er wollte so gerne mal wieder seinen Opa auf dem Planeten Lükos besuchen.
Wir haben die Maschine angemacht, aber als Tesmo verschwand, gab es einen Knall mit viel Rauch und die Maschine blieb stehen.
War das ein Schreck! Fita hat einen Schreikrampf gekriegt und Klax vor Angst auf den Dachboden gepieselt.

Nun ist die Beam-Maschine kaputt und es blinken nur noch die kleinen Kontrolllampen. Das Schlimmste ist, dass wir nicht wissen, wo Tesmo jetzt steckt. Wir müssen seinen Opa anrufen, um zu fragen, ob er denn bei ihm angekommen ist. Aber wir haben die Telefonnummer nicht. Und zurückholen können wir Tesmo erst, wenn die Maschine wieder geht.

Also müssen wir sie wohl selbst reparieren. Denn wenn irgendjemand erfahren sollte, was wir gemacht haben, bekommen wir mächtig Ärger und bestimmt Spielverbot und Stubenarrest.

Für die Reparatur brauchen wir als erstes die Anleitung mit dem Zahlen-Code. Das ist eine Zahlenkombination für die Maschine, die wir ausrechnen müssen.
Aber wie sollen wir das tun? Wir können doch noch gar nicht rechnen! Und wer von uns kann überhaupt schon die Zahlen lesen?

Hilfst du uns, Zählen und Rechnen zu lernen?
Toll, dann komm mit, wir können dich gut gebrauchen!

Wie viele sind es? Zähle.

Lösung	10	1	4	8	3	5
Feld	8	6	2	9	11	10

Lösung	9	2	7	6	3	5
Feld	7	12	3	1	4	5

Lösung	5	1	3	4	6	2
Feld	4	1	2	11	5	3

Lösung	10	8	9	6	5	7
Feld	6	7	9	12	10	8

Zähle alle Formen in der gleichen Farbe.

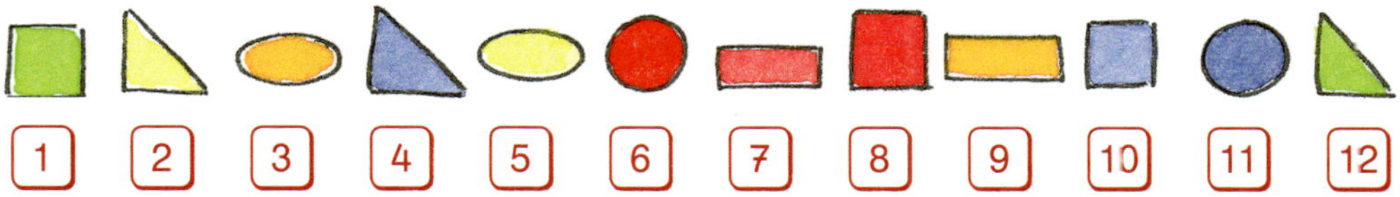

Wovon gibt es mehr?

1: 5 | 3

2: 5 | 6

3: 11 | 2

4: 1 | 4

5: 2 | 8

6: 12 | 9

7: 10 | 7

8: 12 | 11

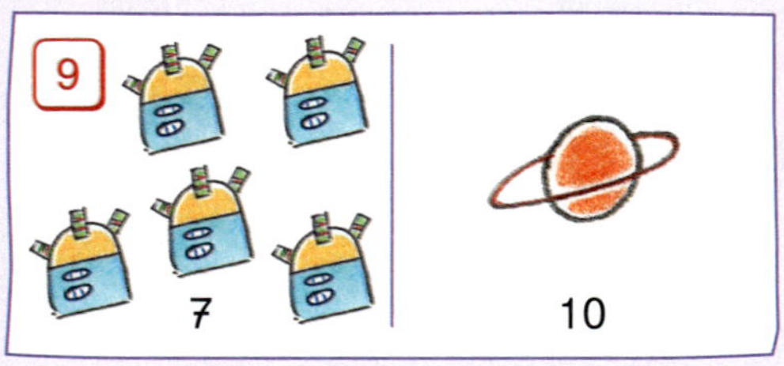

9: 7 | 10

10: 9 | 3

11: 4 | 1

12: 8 | 6

Wie viele Finger werden gezeigt?

Lösung	8	1	5	9	4	2	10	6	7	11	0	3
Feld	2	10	6	12	8	9	5	11	1	4	3	7

Mit Strichlisten zählen: Wie viele Striche sind es?

Jetzt können wir schon
die Zahlen bis 12 lesen!
Lasst uns zu mir nach Hause
fahren und Tesmos Opa
anrufen. Dann wissen wir,
ob Tesmo bei ihm
angekommen ist.

Wie viele Planetenkinder sitzen in der Bahn?

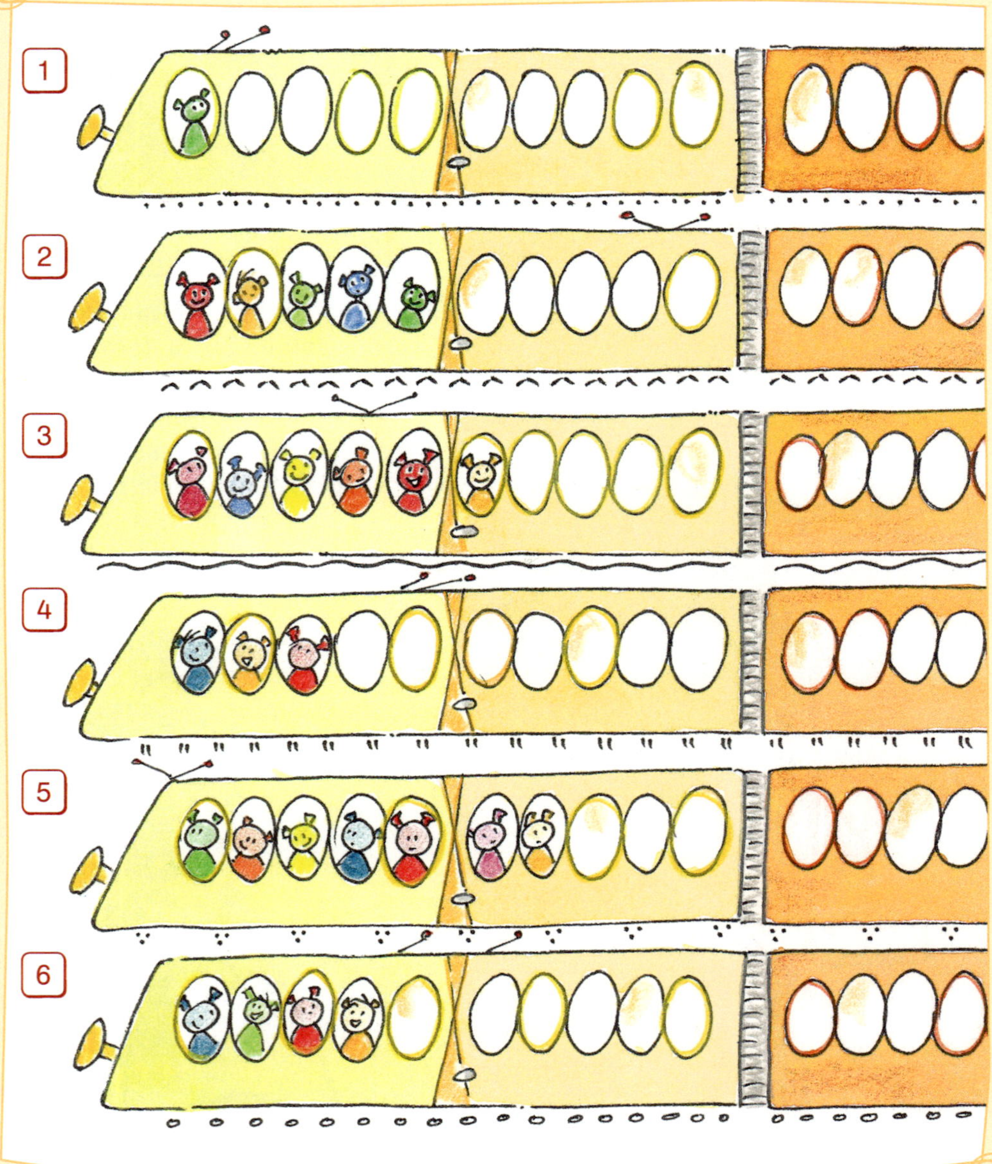

Lösung	5	7	6	4	1	3
Feld	7	6	12	8	9	10

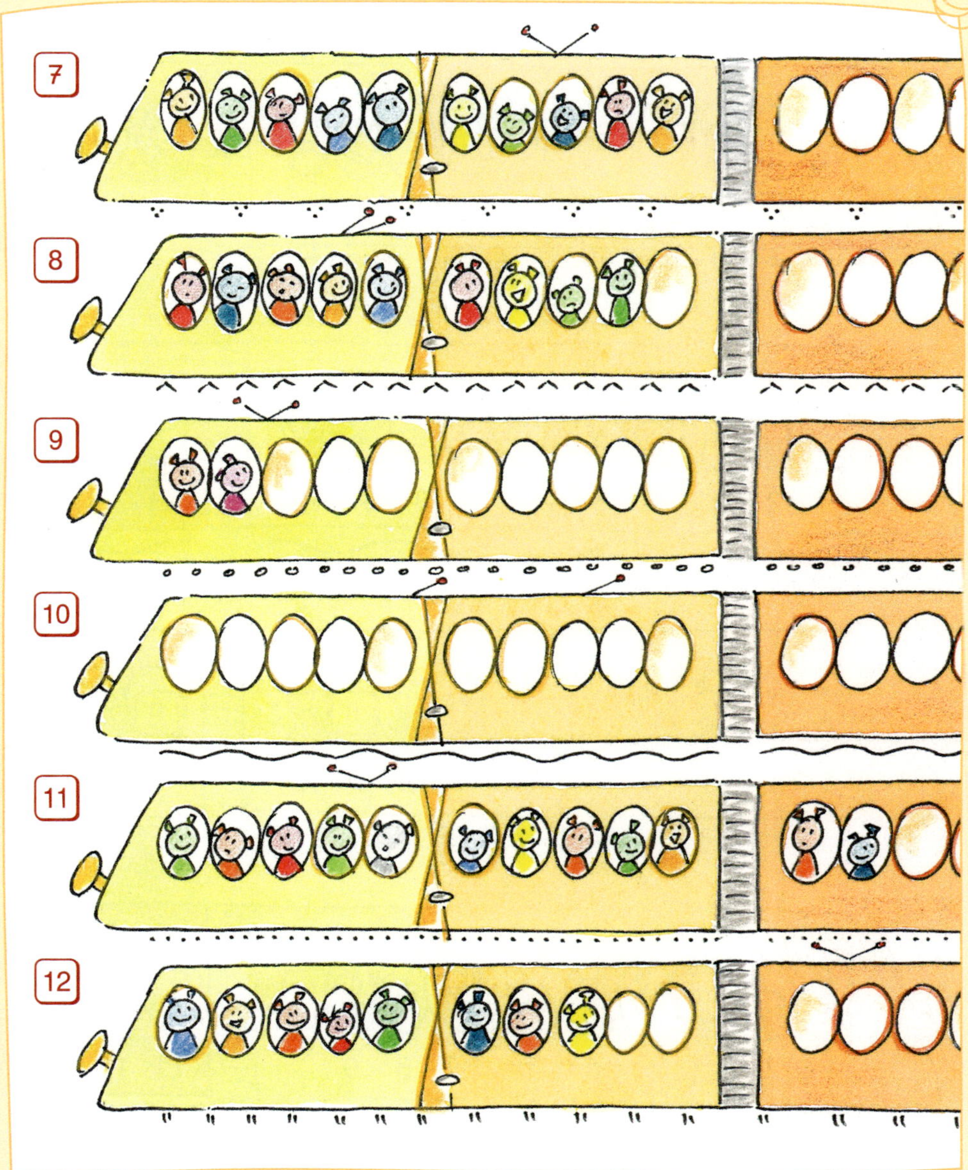

Lösung	2	8	0	9	10	12
Feld	11	2	3	1	4	5

Zahlenreihe – Welche Sitzplätze sind noch frei?

Lösung	10	9	2	1	7	6	12	4	3	5	8	11
Feld	1	2	3	4	5	6	7	8	9	10	11	12

Kontrollleuchten der Lok – Wie geht das Muster weiter?

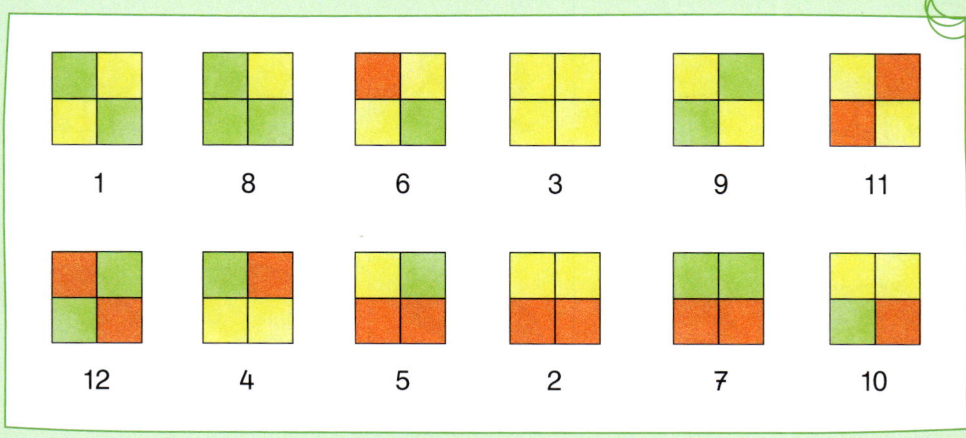

1
6
3
1
9
2
5
9
12
1
3
SCHULE
11
7
3
6
4
8
6
4
2
5
7
12
5
4
6
12
4
7
10

Das sehen wir alles bei der Bahnfahrt.

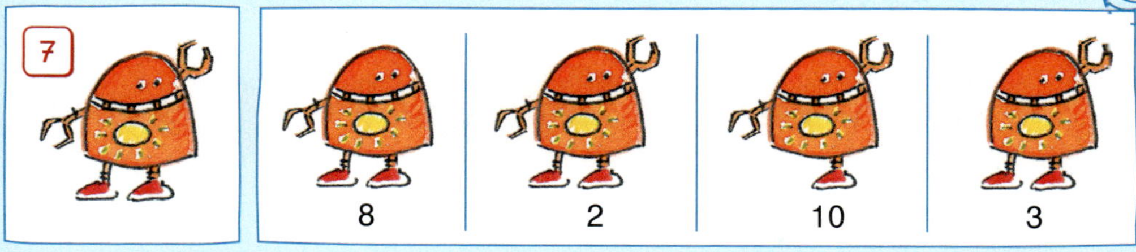
7
8
2
10
3

8
10
6
3
11

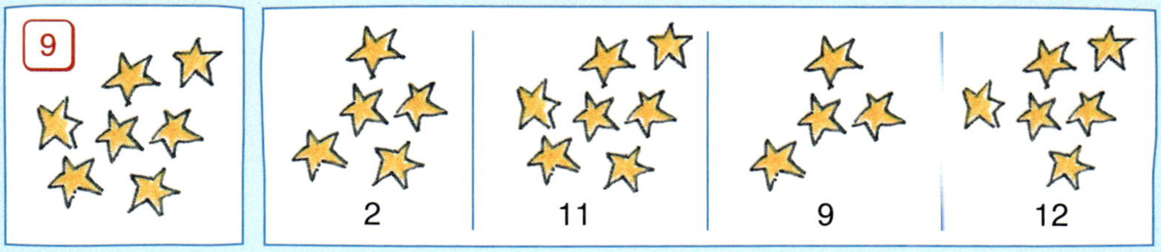
9
2
11
9
12

10
10
1
5
7

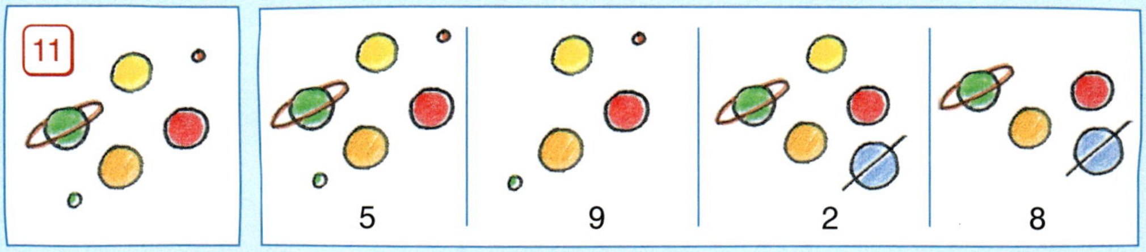
11
5
9
2
8

12
8
1
11
4

Suche diese Wohnung im Haus.

9
11
6
3
4
12
1
5
10
7
8
2

Tesmos Opa meldet sich: „Hallo?“

„Hallo, hier sind Mixi, Fita und Ellot. Wir sind Tesmos Freunde. Ist Tesmo bei dir angekommen?“

„Nein, wieso?“

„Er wollte dich mit der Beam-Maschine besuchen kommen. Aber jetzt ist die Maschine kaputt und wir wissen nicht, wo Tesmo ist.“

„Oje, oje. Sagt bloß, ihr habt wieder mit der alten Maschine vom Dachboden der Schule gespielt? Dann müsst ihr in der Anleitung nachschauen. Die liegt bei diesen alten Maschinen meistens im Fach unten links an der Rückseite der Maschine. Und prüft, wie viele Kontrolllampen blinken. Denn so viele neue Sicherungs-Chips müsst ihr dann im Zahlüka-Markt einkaufen und an der richtigen Stelle in der Maschine austauschen. Ruft mich bitte noch einmal an, wenn Tesmo wieder zurück bei euch ist! Sonst wird es Zeit, den intergalaktischen Suchdienst zu informieren.“

Ganz schnell fahren die Freunde mit der Bahn zurück zur Schule. Sie haben es eilig, weil es schon spät geworden ist.

1

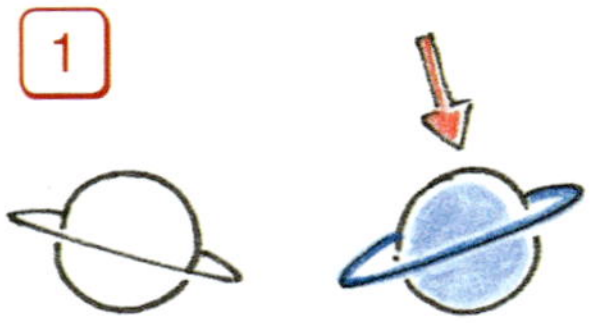

links 3 | rechts 12

2

links 3 | rechts 10

3

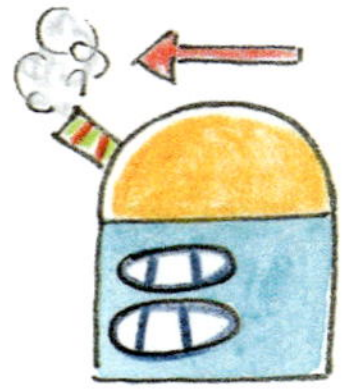

links 7 | rechts 9

4

links 2 | rechts 5

5

links 7 | rechts 1

6

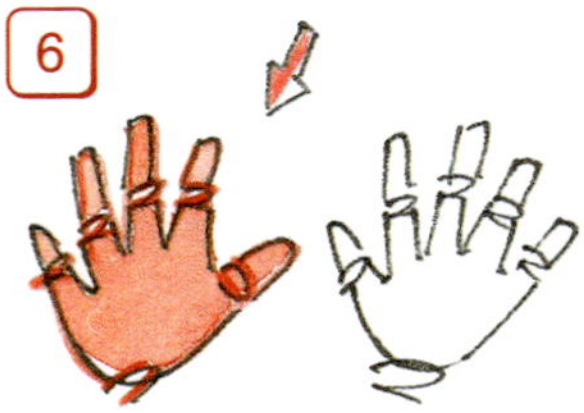

links 4 | rechts 6

7

links 11 | rechts 5

8

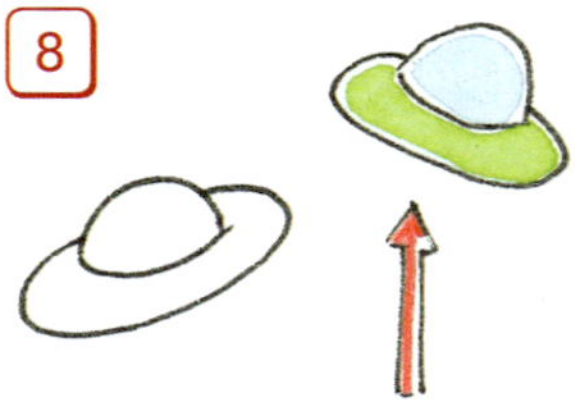

links 1 | rechts 9

9

links 2 | rechts 8

10

links 4 | rechts 6

11

links 8 | rechts 12

12

links 11 | rechts 10

Wo sind gleich viele?

7

11

1

5

5

10

2

6

4

12

9

12

10

8

11

3

9

2

1

8

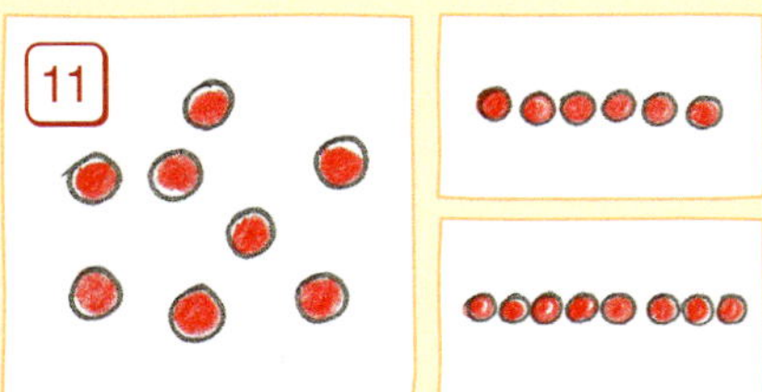

7

3

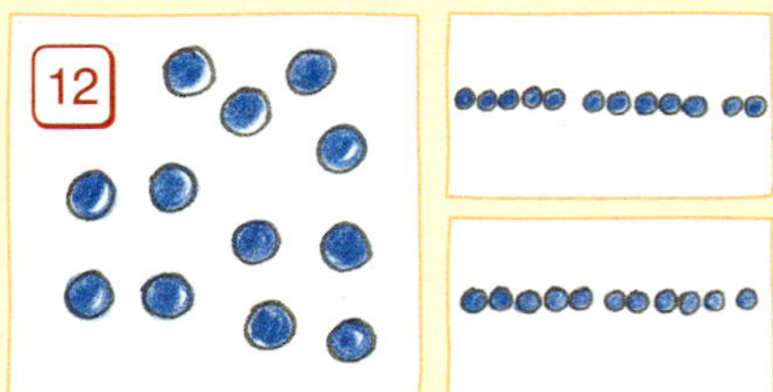

6

4

Wie viele fehlen noch, damit es gleich viele sind?

1
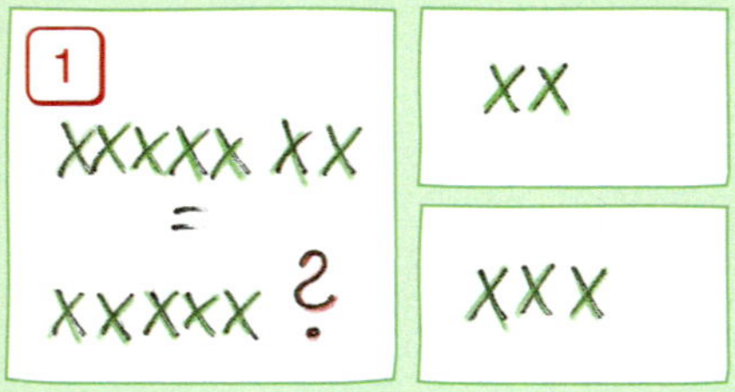

12

3

2

6

2

3
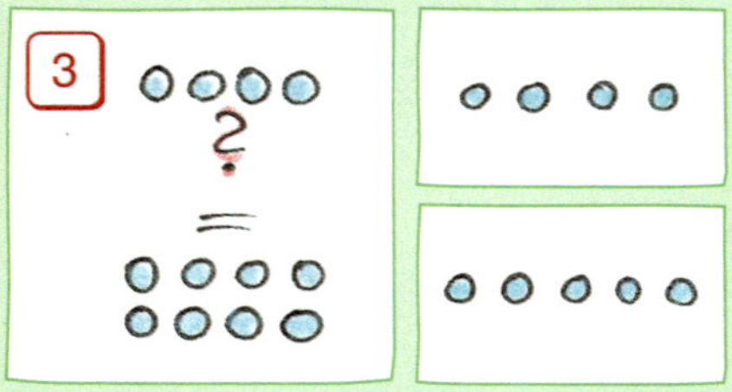

9

1

4

5

12

5

7

3

6
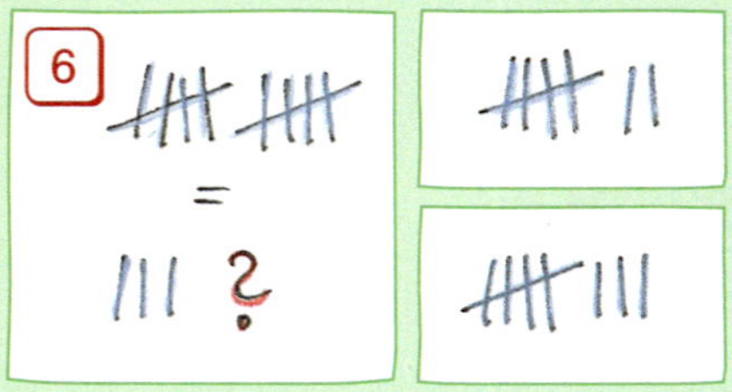

7

4

7
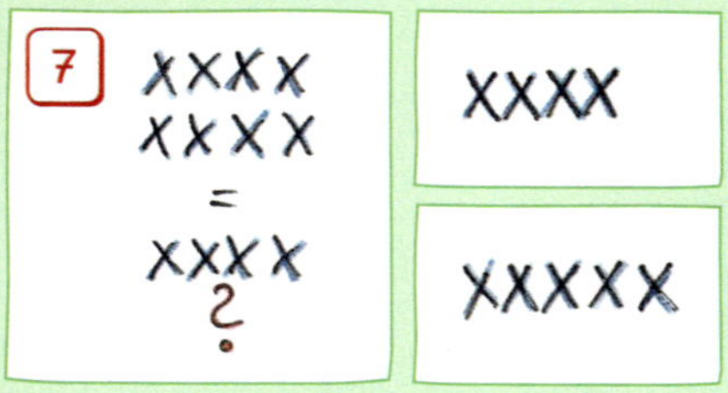

11

5

8
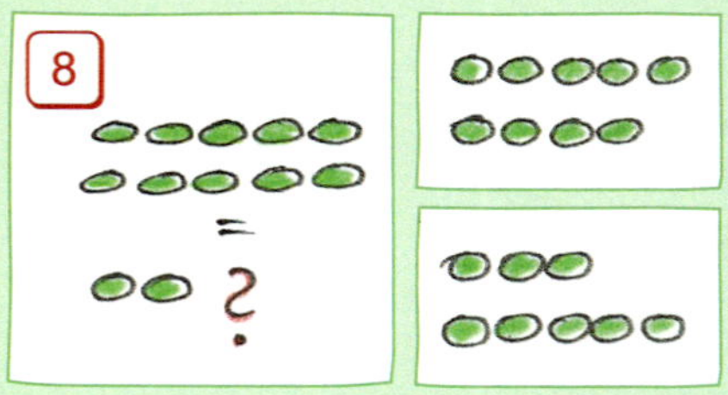

10

8

9

8

10

10
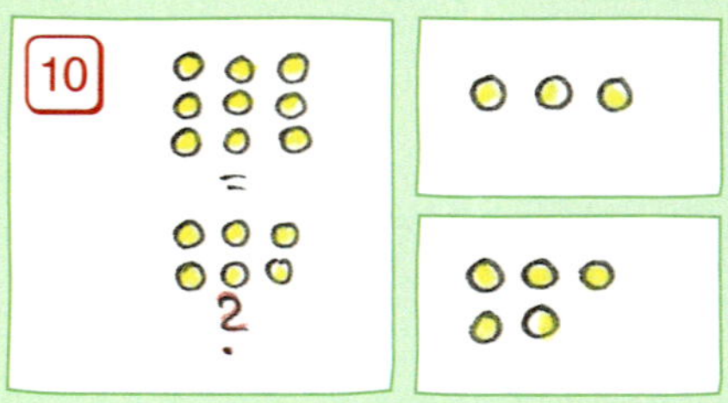

6

2

11

4

11

12

9

1

„Also, hier hinten an der Rückseite blinken genau ... Kontrolllampen. Und auf den Sicherungs-Chips in der Maschine steht A 324. Wir brauchen also so viele Chips genau von dieser Art. Fita, schreibst du das bitte auf, damit wir es nicht vergessen, bis wir im Zahlüka-Markt sind?"

„Na klar, mach ich!"

„Und hier unten links in der Schublade befindet sich tatsächlich die Anleitung. Ich hole sie mal raus. Hm, was soll denn das bedeuten? Das sieht nach einer Rechenaufgabe aus. Lasst uns schnell weiterlernen, damit wir Tesmo endlich zurückholen können."

Wie viele Würfelaugen sind es zusammen?

$4 + 4 = 8$	2	$5 + 1 = 6$	5	$5 + 5 = 10$	7
$6 + 6 = 12$	8	$3 + 3 = 6$	9	$4 + 5 = 9$	10
$1 + 1 = 2$	12	$5 + 6 = 11$	1	$2 + 1 = 3$	3
$4 + 3 = 7$	11	$3 + 2 = 5$	4	$3 + 1 = 4$	6

1

2

3

4
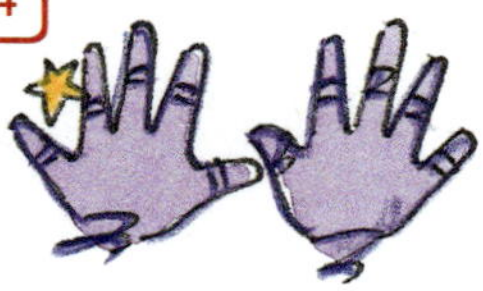

5

6
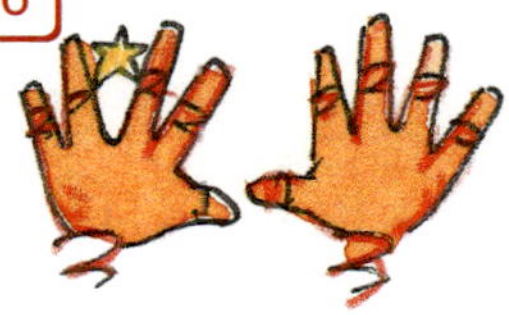

7

8
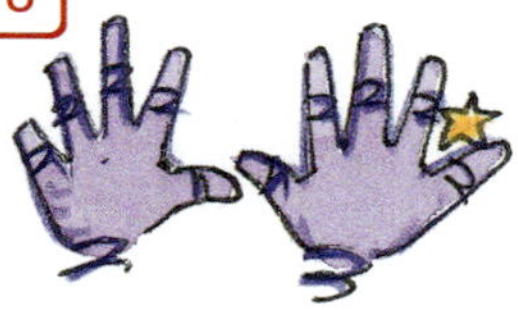

9

10

11
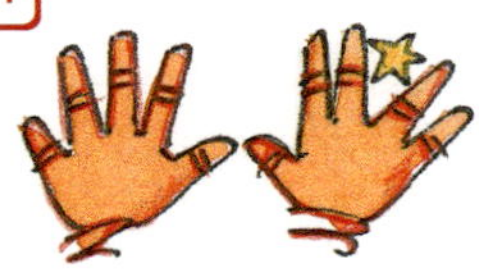

12
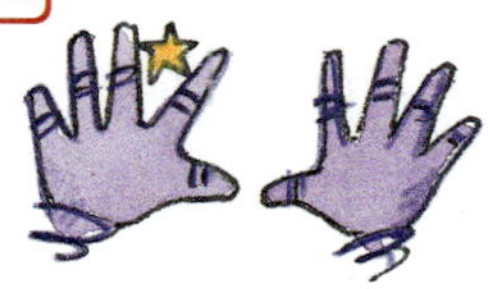

1 + 9 = 10	11	9 + 1 = 10	2	2 + 3 = 5	9
1 + 4 = 5	8	6 + 4 = 10	6	7 + 3 = 10	10
2 + 8 = 10	7	3 + 2 = 5	12	3 + 7 = 10	1
8 + 2 = 10	4	4 + 6 = 10	5	5 + 5 = 10	3

Immer 7

1			5 + 2	3
2			4 + 3	8
3			1 + 6	6
4			7 + 0	2
5			2 + 5	4
6			3 + 4	5

Immer 9

7			1 + 8	1
8			6 + 3	10
9			0 + 9	7
10			7 + 2	12
11			4 + 5	11
12			3 + 6	9

1

8 =		
	4 + 5	2
	3 + 4	9
	4 + 4	11

2

5 =		
	3 + 3	12
	3 + 2	7
	1 + 3	6

3

7 =		
	2 + 5	4
	4 + 4	5
	1 + 8	2

4

4 =		
	3 + 2	9
	2 + 1	1
	2 + 2	12

5

9 =		
	4 + 5	10
	3 + 5	7
	4 + 4	3

6

6 =		
	3 + 2	11
	3 + 3	8
	4 + 3	10

7

10 =		
	5 + 4	1
	3 + 7	6
	6 + 2	10

8

8 =		
	7 + 2	4
	5 + 4	11
	6 + 2	1

9

7 =		
	4 + 3	3
	3 + 3	12
	4 + 4	7

10

3 =		
	1 + 1	3
	2 + 2	8
	1 + 2	5

11

6 =		
	4 + 3	8
	5 + 1	9
	3 + 2	4

12

9 =		
	3 + 6	2
	5 + 5	6
	7 + 1	5

Wie heißt die Plusaufgabe?

1

2
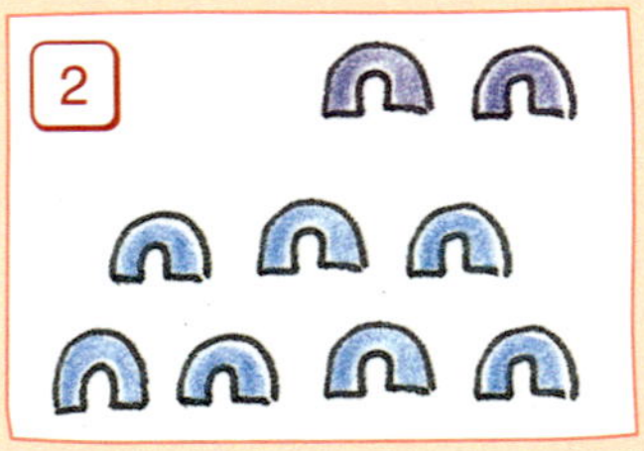

3

4

5

6

7

8

9

10

11

12

1 + 5 = 6	6
7 + 2 = 9	10
2 + 2 = 4	11
4 + 4 = 8	2
2 + 8 = 10	8
1 + 4 = 5	4
3 + 6 = 9	9
3 + 3 = 6	7
4 + 2 = 6	3
3 + 4 = 7	12
5 + 5 = 10	5
3 + 5 = 8	1

„Kommt, lasst uns jetzt die Sicherungs-Chips für die Maschine einkaufen. Rechnen üben können wir auch noch unterwegs. Der Weg ist ja ganz schön weit."

„Was brauchen wir noch mal genau? Fita, hast du den Einkaufszettel?"

„Ja, sechs Sicherungs-Chips der Sorte A 324."

„Was die wohl kosten? Und ob wir auch genügend Geld haben?"

„Das sehen wir dann im Zahlüka-Markt. Fahren wir erstmal dorthin."

Wieder in der Bahn. Finde die richtige Plusaufgabe.

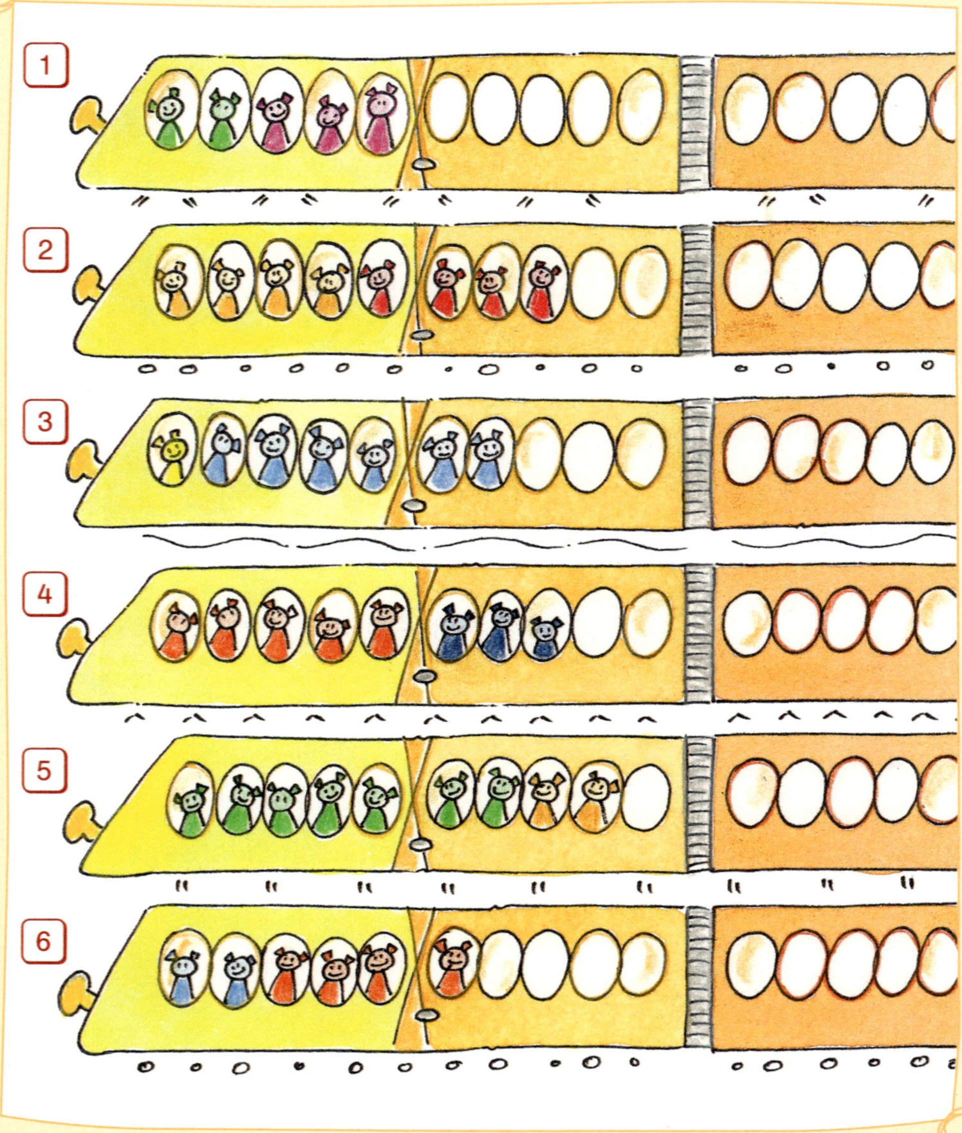

5 + 3 = 8	11	4 + 4 = 8	9	7 + 2 = 9	7
2 + 3 = 5	6	2 + 4 = 6	10	1 + 6 = 7	1

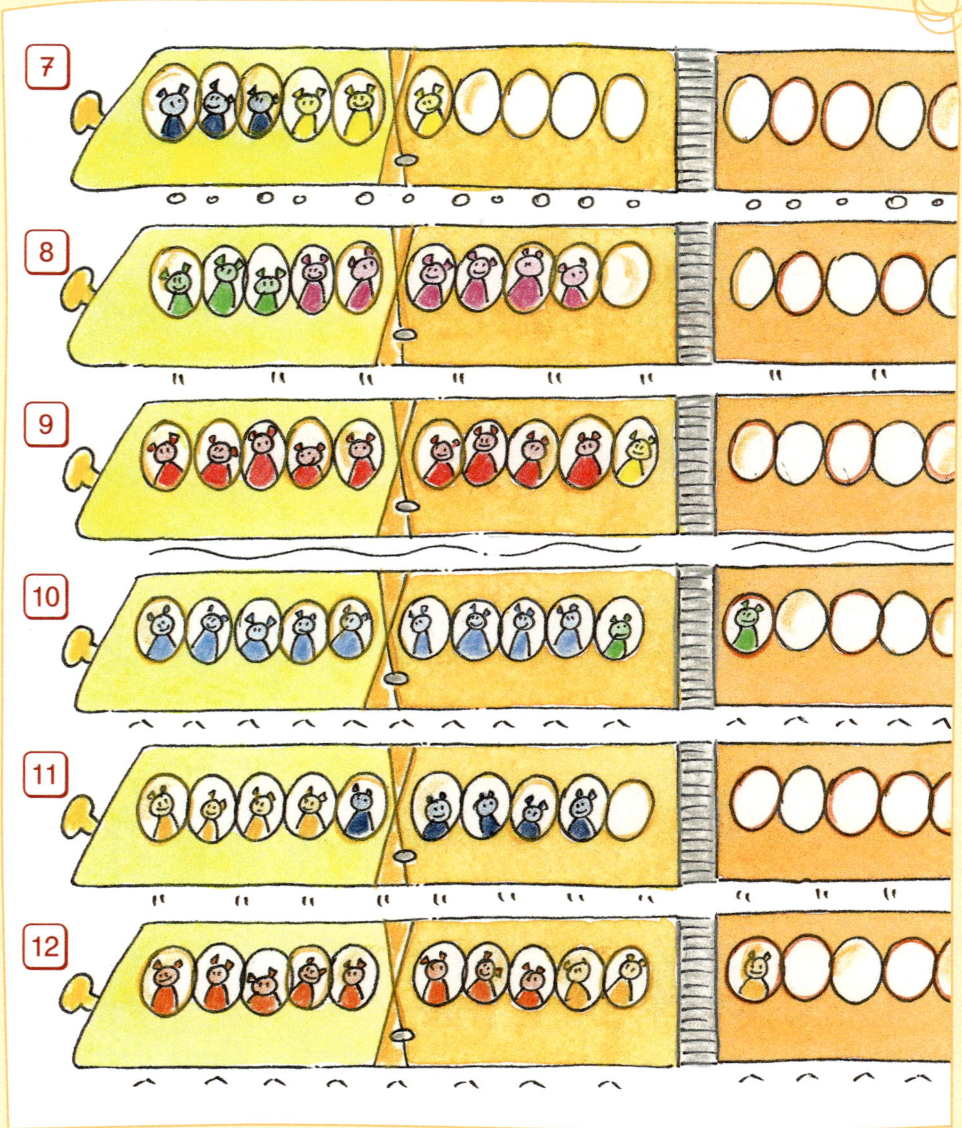

3 + 6 = 9	3	9 + 2 = 11	12	8 + 3 = 11	4
3 + 3 = 6	5	9 + 1 = 10	8	4 + 5 = 9	2

Finde die richtige Minusaufgabe.

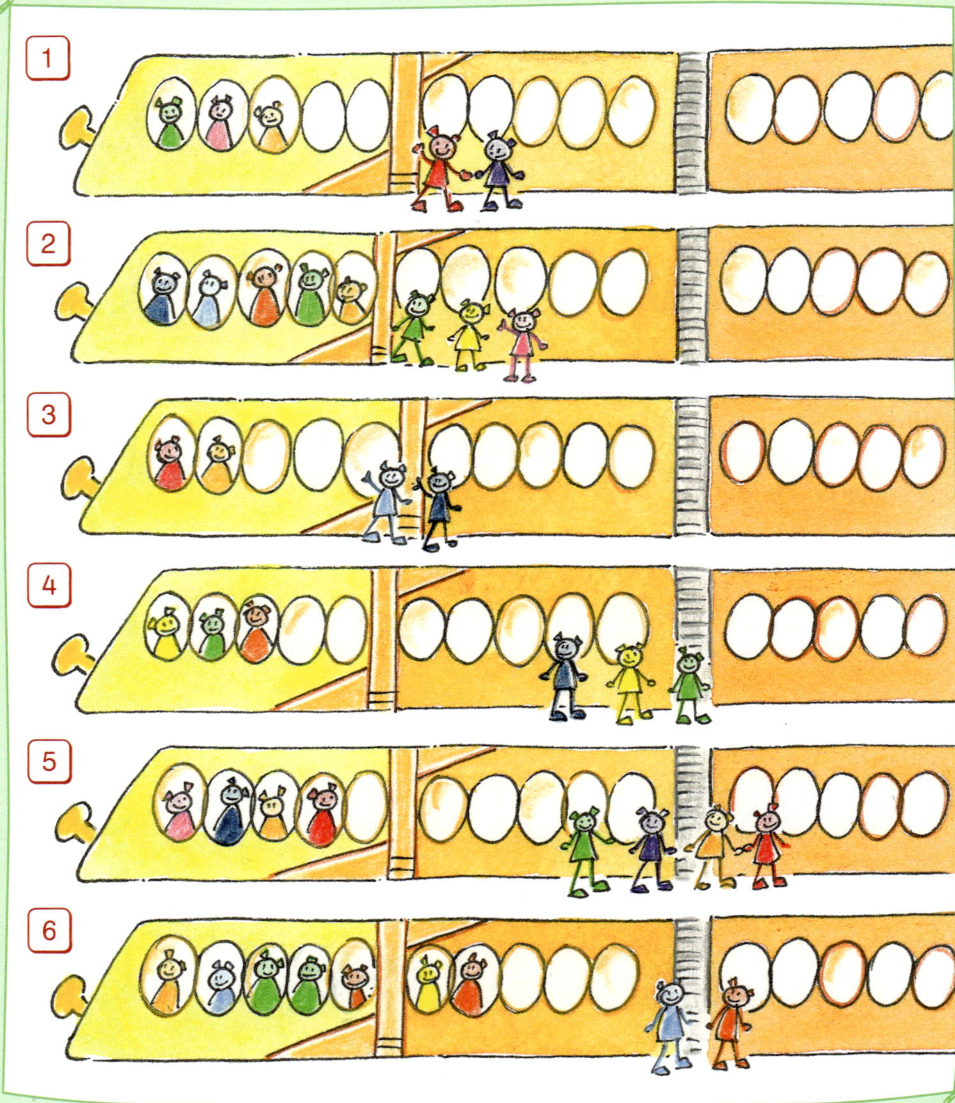

8 – 3 = 5	2	9 – 2 = 7	7	5 – 2 = 3	12
8 – 4 = 4	9	6 – 3 = 3	5	4 – 2 = 2	3

$8 - 1 = 7$	4
$7 - 3 = 4$	1
$10 - 4 = 6$	10
$6 - 5 = 1$	8
$8 - 7 = 1$	6
$9 - 5 = 4$	11

Welche Minusaufgabe passt?

9 – 7 = 2	12	6 – 2 = 4	5	3 – 3 = 0	2
2 – 1 = 1	7	5 – 2 = 3	8	8 – 6 = 2	6
7 – 2 = 5	10	4 – 3 = 1	11	8 – 4 = 4	9
10 – 3 = 7	1	10 – 5 = 5	3	7 – 5 = 2	4

1	2 ⟷ 4	3	7	
		2	1	
2	8 ⟷ 5	3	4	
		5	12	
3	3 ⟷ 7	3	10	
		4	6	
4	1 ⟷ 2	0	11	
		1	8	
5	10 ⟷ 4	6	12	
		7	3	
6	2 ⟷ 9	8	6	
		7	3	
7	5 ⟷ 7	2	2	
		3	8	
8	4 ⟷ 1	3	10	
		2	1	
9	3 ⟷ 8	6	5	
		5	11	
10	6 ⟷ 5	1	7	
		2	9	
11	1 ⟷ 10	8	2	
		9	5	
12	4 ⟷ 9	4	4	
		5	9	

Welche Minusaufgabe passt zum Ergebnis im Dach?

Nr.	Dach	Aufgabe	Zahl
1	4	8 – 3	3
		6 – 2	9
		7 – 4	1
2	7	10 – 3	2
		9 – 1	10
		8 – 2	12
3	5	9 – 5	1
		7 – 4	8
		6 – 1	5
4	2	3 – 2	4
		4 – 1	6
		5 – 3	10
5	8	10 – 3	12
		8 – 0	11
		9 – 2	4
6	3	6 – 3	7
		6 – 2	9
		5 – 1	2
7	6	7 – 2	7
		8 – 2	4
		10 – 3	9
8	1	8 – 7	8
		9 – 6	11
		4 – 2	10
9	4	9 – 4	2
		7 – 5	5
		8 – 4	12
10	2	10 – 7	6
		8 – 6	3
		5 – 2	7
11	7	9 – 3	8
		8 – 0	3
		9 – 2	6
12	3	7 – 3	5
		4 – 1	1
		6 – 4	11

Welche Minusaufgabe passt nicht zum Ergebnis im Dach?

1 (Dach: 5)

10 – 5	2
8 – 3	7
9 – 5	5

2 (Dach: 3)

5 – 2	6
4 – 2	1
9 – 6	3

3 (Dach: 9)

9 – 1	9
10 – 1	4
9 – 0	8

4 (Dach: 1)

2 – 1	3
4 – 2	6
6 – 5	9

5 (Dach: 6)

10 – 4	8
7 – 1	12
9 – 2	3

6 (Dach: 4)

7 – 3	5
9 – 5	10
5 – 2	2

7 (Dach: 2)

7 – 6	12
4 – 2	1
10 – 8	5

8 (Dach: 7)

8 – 1	9
9 – 3	7
7 – 0	1

9 (Dach: 8)

10 – 1	10
10 – 2	11
9 – 1	2

10 (Dach: 3)

7 – 4	12
8 – 5	4
6 – 4	11

11 (Dach: 1)

4 – 3	10
10 – 9	6
9 – 7	4

12 (Dach: 5)

9 – 4	7
7 – 2	11
8 – 5	8

Plus und Minus: Finde die richtige Aufgabe.

1 + 1 = 2	8	3 + 1 = 4	2	8 + 2 = 10	1
2 + 2 = 4	4	4 + 4 = 8	9	5 + 3 = 8	7

10 – 4 = 6	11	4 – 1 = 3	5	5 – 3 = 2	12
9 – 6 = 3	6	3 – 2 = 1	10	7 – 2 = 5	3

Zahlen bis 20: Auf welchem Platz landet das Ufo?

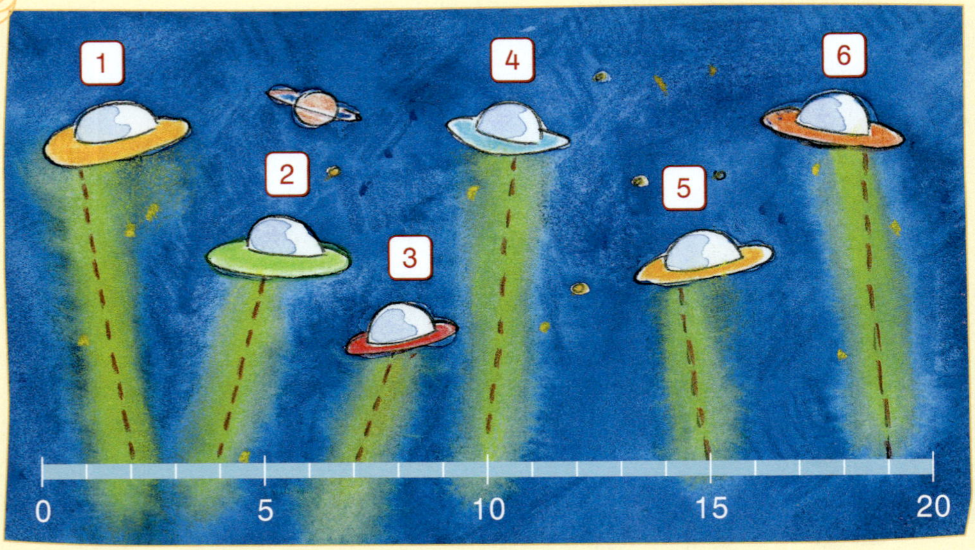

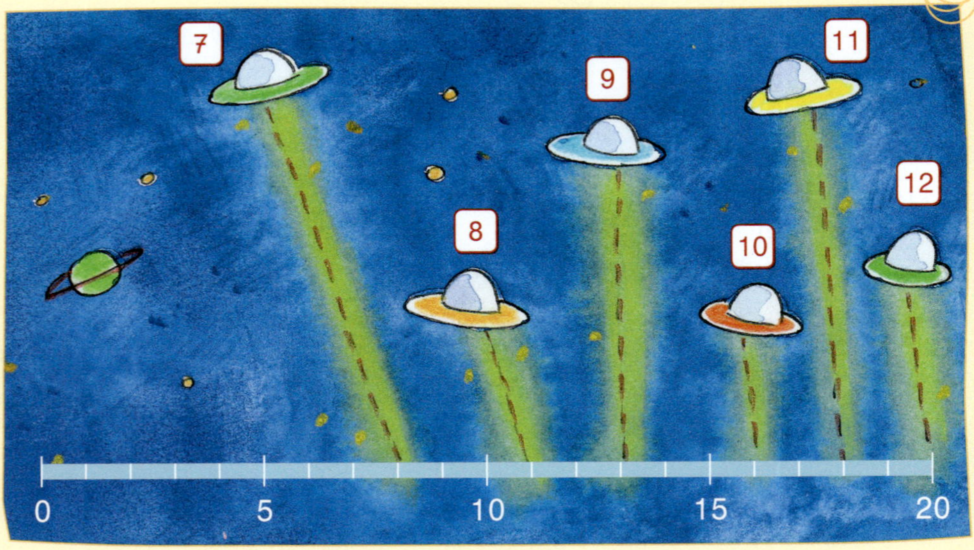

Lösung	15	7	18	10	13	8	2	11	20	19	16	4
Feld	6	12	5	8	11	2	7	10	9	3	1	4

	Vorgänger	Zahl	Nachfolger
1	7	8	?
2	?	5	6
3	11	12	?
4	?	17	18
5	9	10	?
6	?	19	20

	Vorgänger	Zahl	Nachfolger
7	?	15	16
8	13	14	?
9	?	9	10
10	17	18	?
11	?	1	2
12	15	16	?

Lösung	16	8	14	18	4	17	13	19	0	9	15	11
Feld	1	3	7	5	6	11	4	8	9	2	12	10

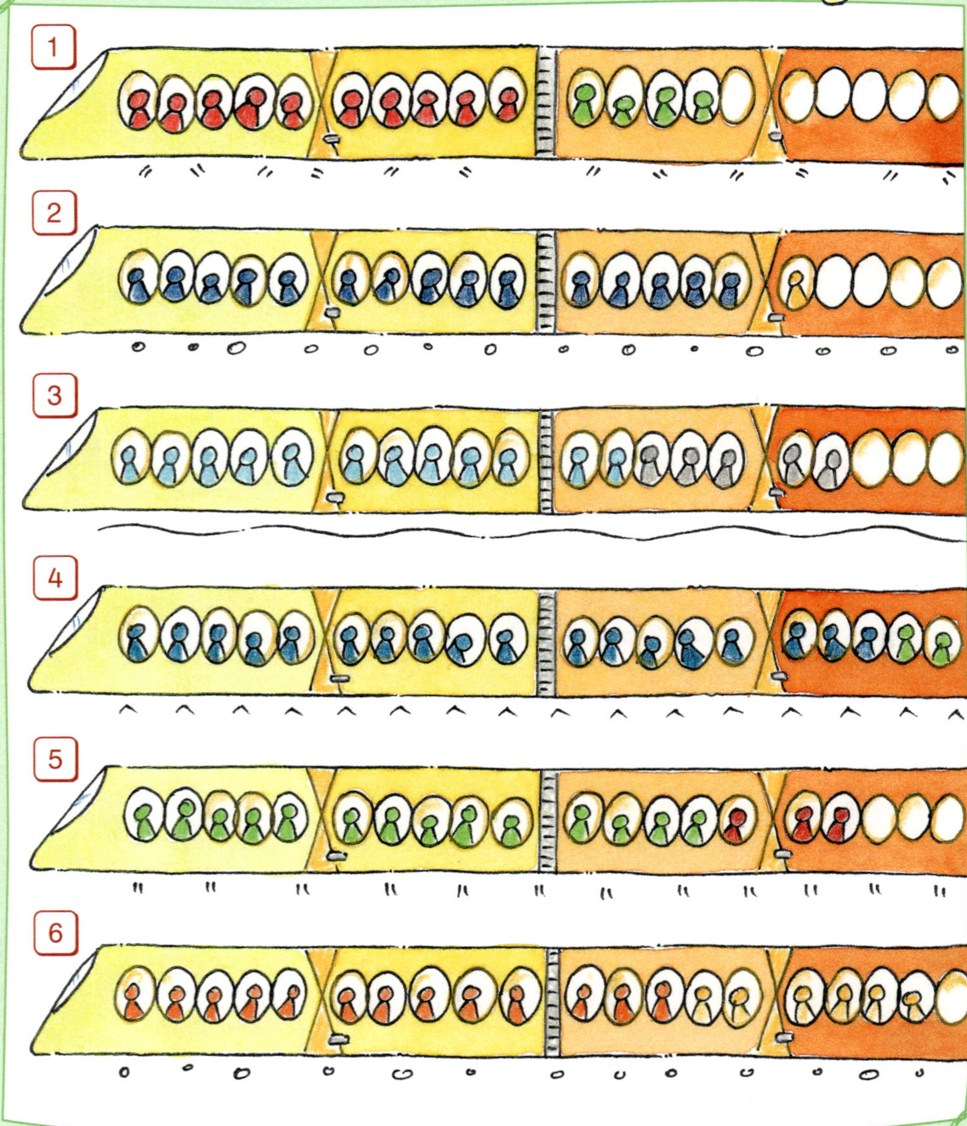

18 + 2 = 20	10	15 + 1 = 16	5	10 + 4 = 14	9
13 + 6 = 19	12	12 + 5 = 17	2	14 + 3 = 17	8

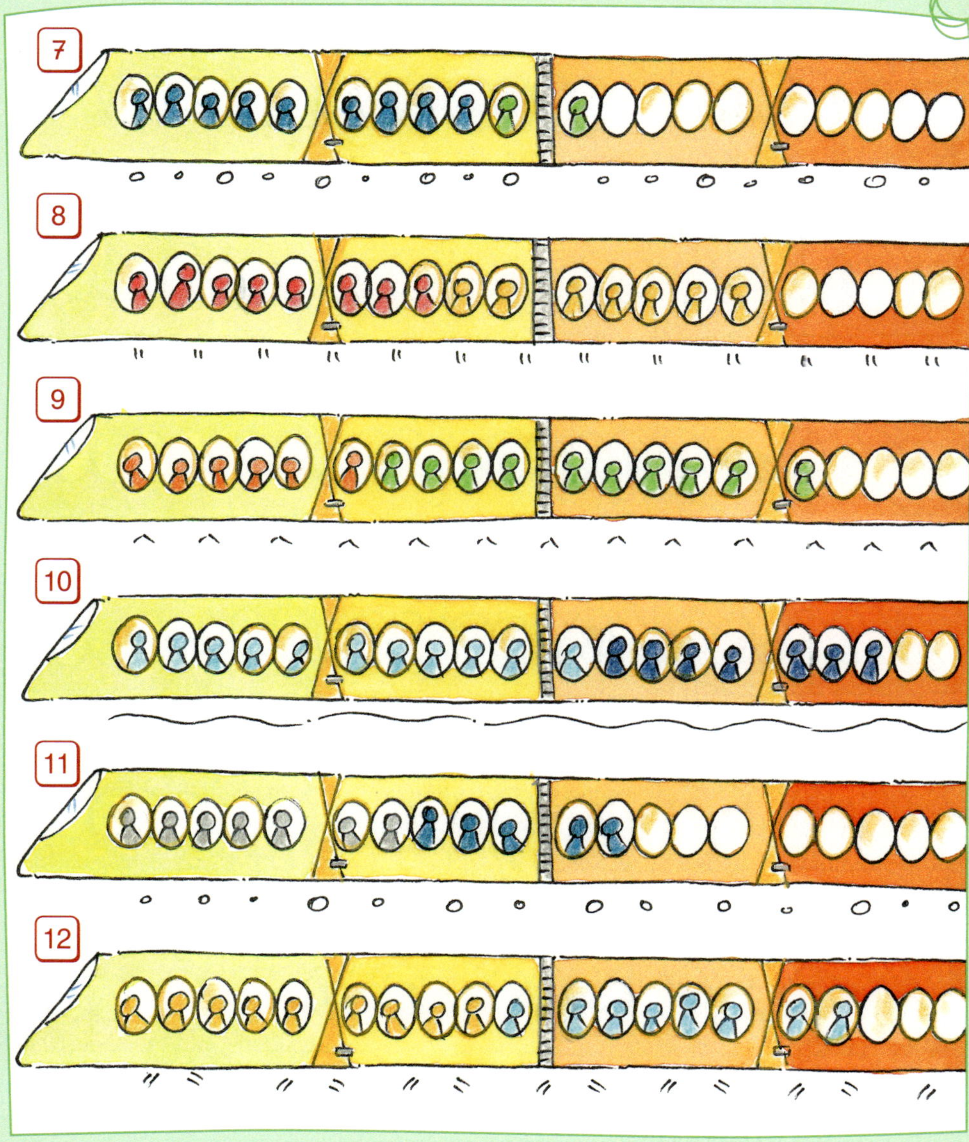

9 + 2 = 11	4	9 + 8 = 17	6	7 + 5 = 12	1
6 + 10 = 16	7	11 + 7 = 18	3	8 + 7 = 15	11

Planetenkinder steigen aus – Minusaufgaben bis 20

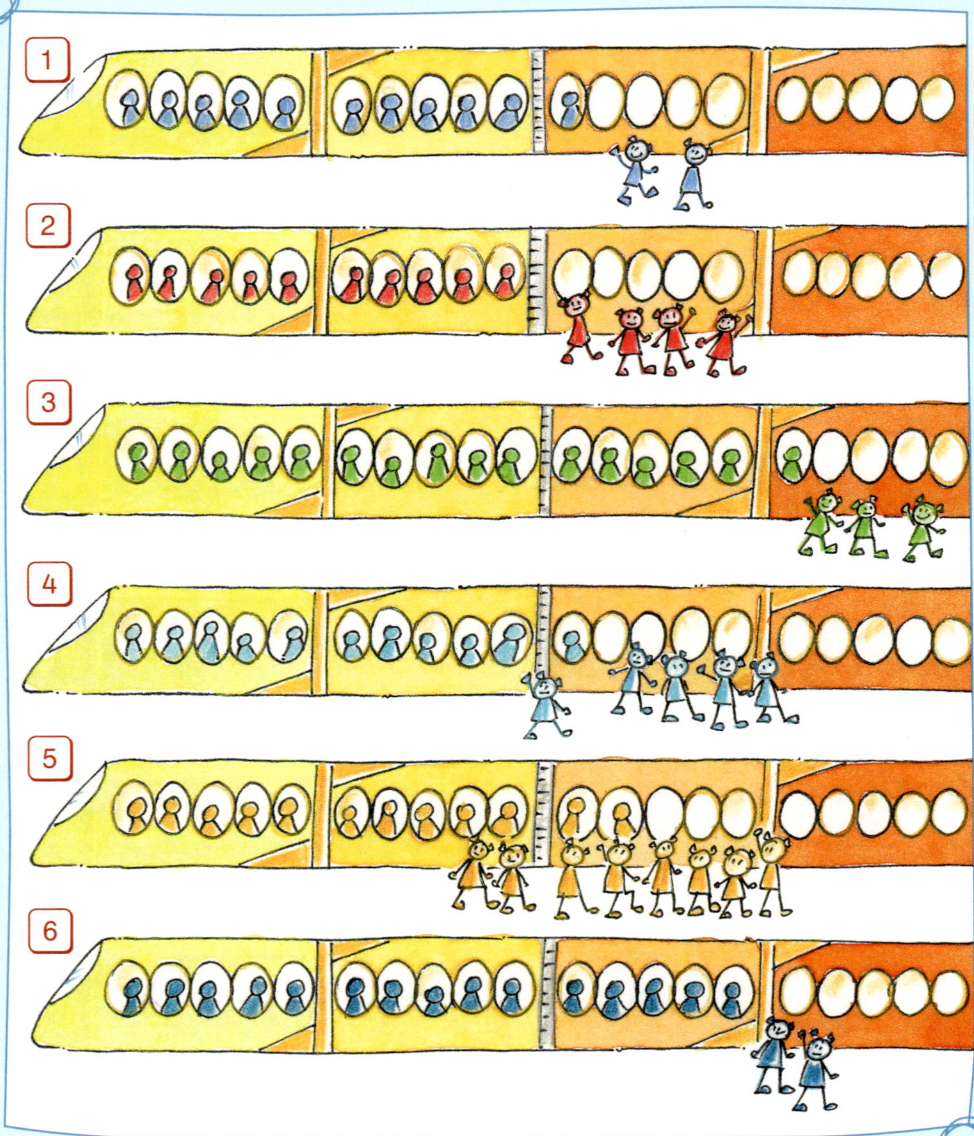

16 – 5 = 11	9	19 – 3 = 16	6	20 – 8 = 12	12
13 – 2 = 11	10	17 – 2 = 15	8	14 – 4 = 10	1

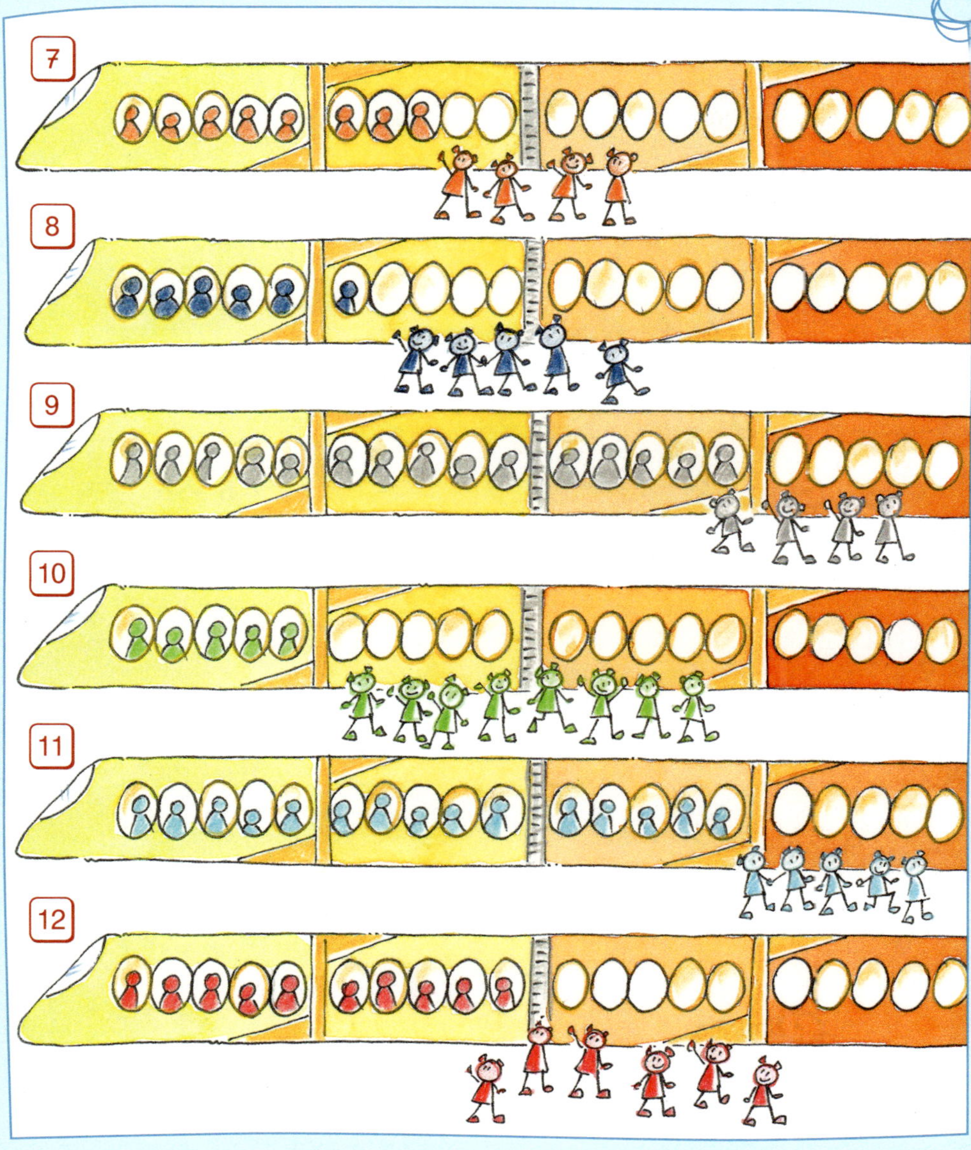

12 – 4 = 8	3	11 – 5 = 6	7	19 – 4 = 15	11
20 – 5 = 15	5	16 – 6 = 10	2	13 – 8 = 5	4

Ich rechne erst bis zur 10!

8 + 4 = ?

8 + 2 + 2 = ?

Also: 8 + 2 = 10 und
10 + 2 = 12

1
6 + 5 = ?
6 + 4 + 1 = ?

2
7 + 8 = ?
7 + 3 + 5 = ?

3
9 + 7 = ?
9 + 1 + 6 = ?

4
8 + 5 = ?
8 + 2 + 3 = ?

5
5 + 9 = ?
5 + 5 + 4 = ?

6
7 + 5 = ?
7 + 3 + 2 = ?

7
9 + 9 = ?
9 + 1 + 8 = ?

8
8 + 9 = ?
8 + 2 + 7 = ?

9
4 + 9 = 13
4 + 6 + ? = 13

10
5 + 7 = 12
5 + ? + 2 = 12

11
6 + 8 = 14
6 + ? + 4 = 14

12
7 + 4 = 11
7 + 3 + ? = 11

Lösung	14	18	1	16	3	15	12	5	11	17	4	13
Feld	2	9	6	8	7	11	12	10	4	5	1	3

Ich rechne erst bis zur 10!

$13 - 7 = ?$

$13 - 3 - 4 = ?$

Also: $13 - 3 = 10$ und $10 - 4 = 6$

1. $14 - 8 = ?$ / $14 - 4 - 4 = ?$

2. $12 - 9 = ?$ / $12 - 2 - 7 = ?$

3. $15 - 6 = ?$ / $15 - 5 - 1 = ?$

4. $13 - 8 = ?$ / $13 - 3 - 5 = ?$

5. $12 - 8 = ?$ / $12 - 2 - 6 = ?$

6. $14 - 7 = ?$ / $14 - 4 - 3 = ?$

7. $11 - 9 = ?$ / $11 - 1 - 8 = ?$

8. $13 - 5 = ?$ / $13 - 3 - 2 = ?$

9. $? - 8 = ?$ / $? - 6 - 2 = 8$

10. $? - 2 = 9$ / $? - 1 - 1 = 9$

11. $? - 5 = 7$ / $? - 2 - 3 = 7$

12. $? - 9 = 4$ / $? - 3 - 6 = 4$

Umkehraufgabe:
9. $8 + 2 + 6 = ?$

Lösung	4	6	13	8	9	11	7	3	16	2	12	5
Feld	5	4	7	2	11	10	1	8	6	9	12	3

Zahlenfolgen in der Stadt: Wie heißt die nächste Hausnummer?

1 — 1, 2, 3, 4, ?

2 — 2, 4, 6, 8, ?

3 — 4, 5, 6, 7, ?

4 — 1, 3, 5, 7, ?

5 — 5, 4, 3, 2, ?

6 — 0, 3, 6, 9, ?

7 — 10, 9, 8, 7, ?

8 — 12, 13, 14, 15, ?

9 — 19, 18, 17, 16, ?

10 — 10, 12, 14, 16, ?

11 — 4, 8, 12, 16, ?

12 — 20, 15, 10, 5, ?

Lösung	20	8	0	12	10	16	1	5	18	6	15	9
Feld	9	4	12	6	5	11	10	1	7	8	3	2

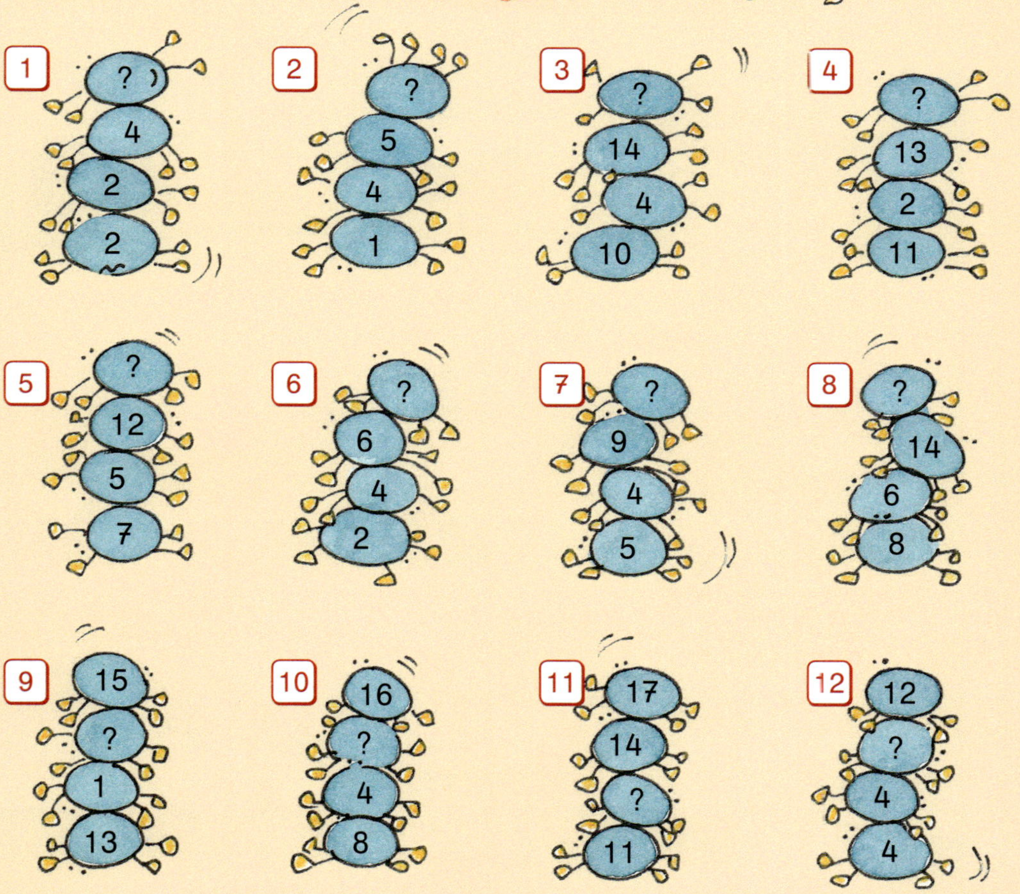

Lösung	17	6	8	13	18	10	20	9	12	14	3	15
Feld	8	9	12	4	2	6	11	5	3	1	7	10

9€
7€
13€
8€
12€
5€
10€
8€
3€
11€
11€
LOLLIES
1€
SAUBER & REIN
SAUBER & REIN
5 €
6 €
ZAHLÜKA MARKT
4 €
SICHERUNGSCHIP
2€

Preisvergleich: Was kostet mehr >, weniger <, gleich viel = ?

1

< 8
> 12
= 3

2

< 2
> 5
= 6

3

< 7
> 10
= 11

4

< 4
> 1
= 8

5

< 4
> 8
= 6

6

< 3
> 11
= 2

7

< 1
> 4
= 7

8

< 12
> 9
= 1

9

< 9
> 11
= 12

10

< 5
> 2
= 7

11

< 6
> 10
= 3

12

< 5
> 10
= 9

Lösung	4 €	15 €	8 €	10 €	17 €	19 €	5 €	13 €	16 €	12 €	20 €	11 €
Feld	11	7	1	9	12	3	8	6	2	10	4	5

An der Kasse: Wie viele Zahlaktische Euro gibt es zurück?

10 € – 4 € = 6 €	12	10 € – 3 € = 7 €	8	20 € – 9 € = 11 €	3
10 € – 9 € = 1 €	9	20 € – 11 € = 9 €	5	10 € – 10 € = 0 €	10
20 € – 17 € = 3 €	4	10 € – 5 € = 5 €	11	10 € – 8 € = 2 €	1
20 € – 18 € = 2 €	7	20 € – 13 € = 7 €	6	10 € – 6 € = 4 €	2

Lösung	11	15	0	9	18	16	20	14	6	19	17	10
Feld	7	3	6	4	12	5	1	8	9	2	10	11

1
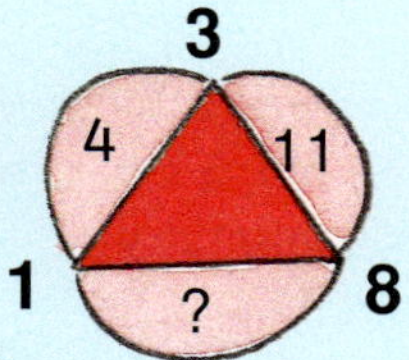

2
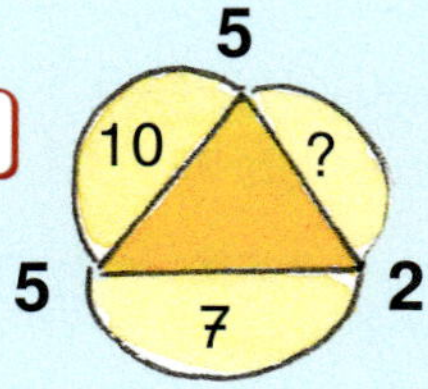

3
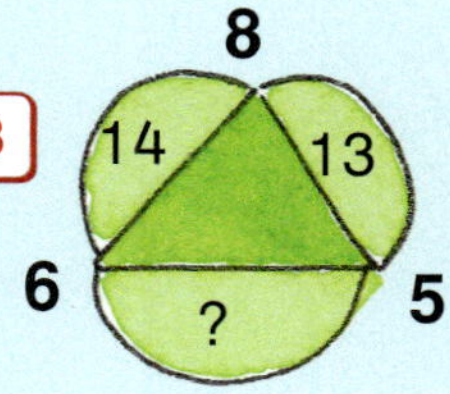

4
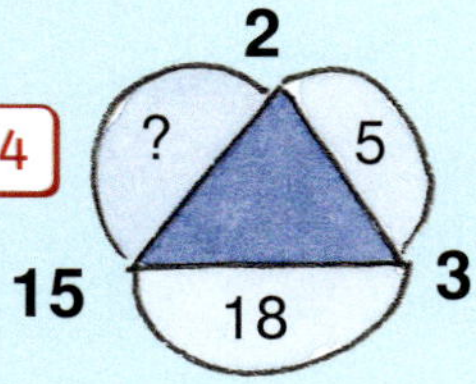

5
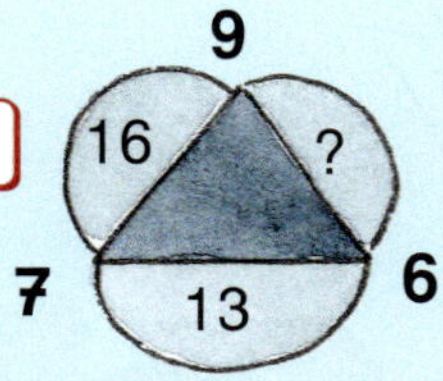

6
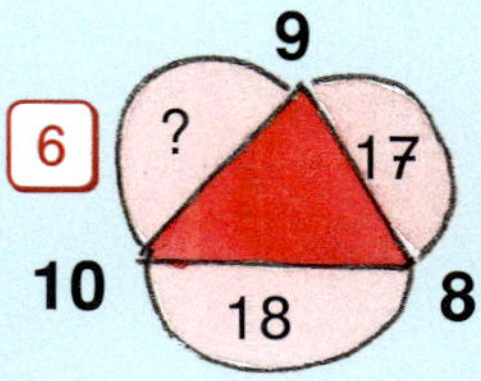

7
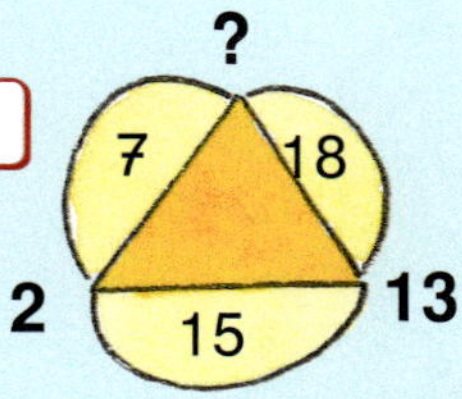

8
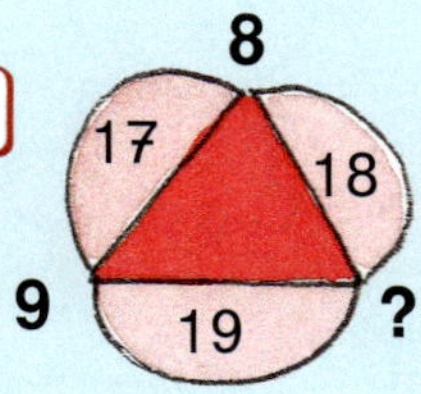

9
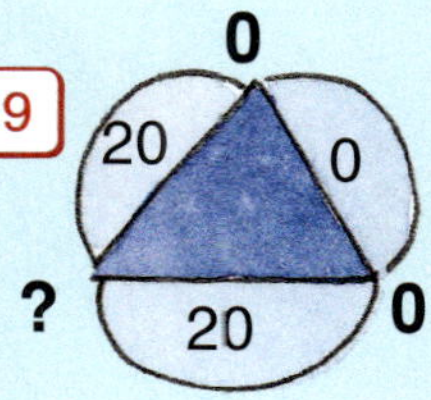

10
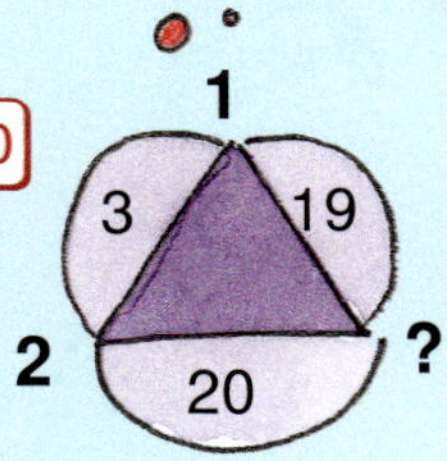

11
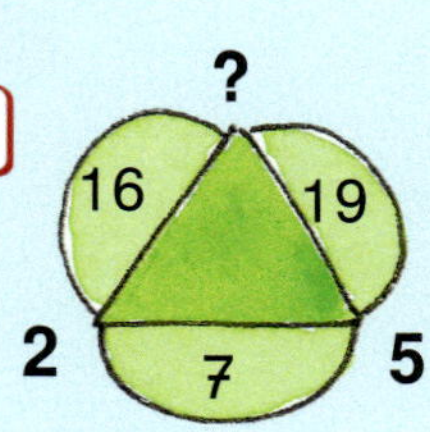

12
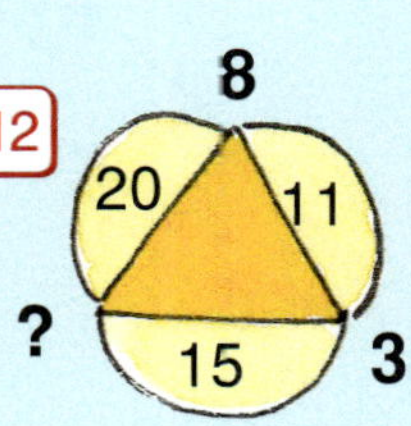

Lösung	7	14	19	15	10	18	9	12	17	20	11	5
Feld	6	2	11	7	12	3	9	5	10	8	1	4

Wie spät ist es eigentlich?
Was, schon 17 Uhr?
Was bedeutet noch mal 17 Uhr?
Na, 5 Uhr am Nachmittag. Weißt du das nicht?
Ach ja, doch.
Aber dann wird es ja schon bald Abend und dunkel. Unsere Eltern warten bestimmt auf uns!
12
11
10
9
8
7
6

? Uhr oder 16 Uhr

? Uhr oder 13 Uhr

? Uhr oder 20 Uhr

? Uhr oder 17 Uhr

? Uhr oder 22 Uhr

? Uhr oder 19 Uhr

2 Uhr oder ? Uhr

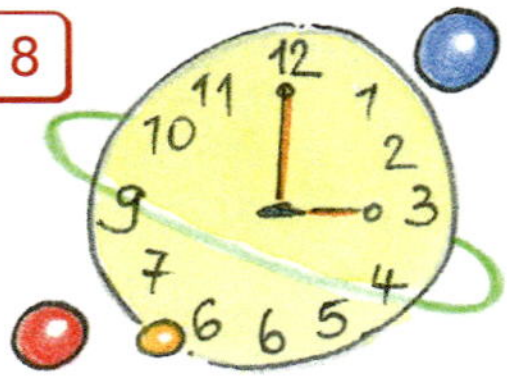

3 Uhr oder ? Uhr

6 Uhr oder ? Uhr

9 Uhr oder ? Uhr

0 Uhr oder ? Uhr

11 Uhr oder ? Uhr

Lösung	5	23	4	21	15	8	14	1	12	7	18	10
Feld	9	8	10	4	7	6	3	1	11	2	5	12

Verdoppeln und Halbieren

1

3 + 3 = ?

2

5 + 5 = ?

3
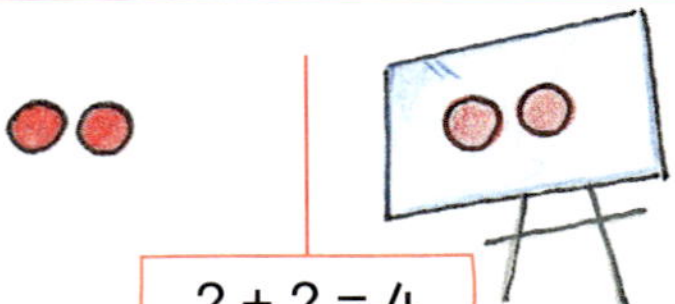
? + ? = 4

4
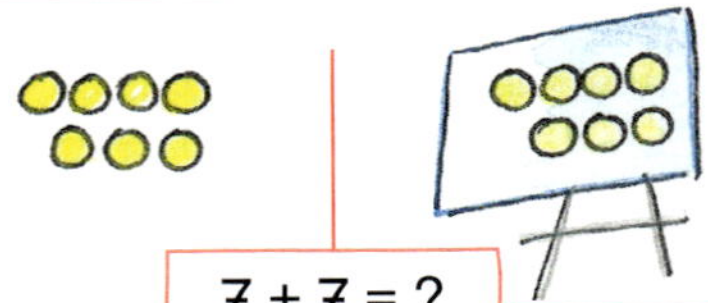
7 + 7 = ?

5
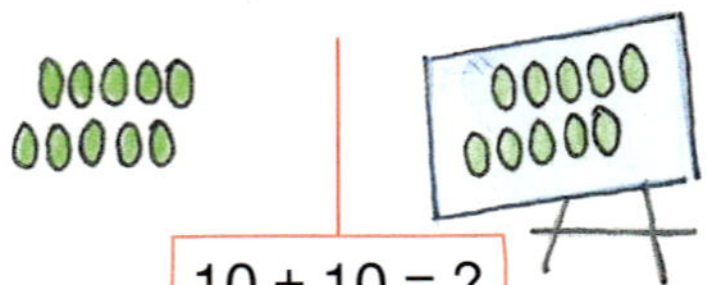
10 + 10 = ?

6
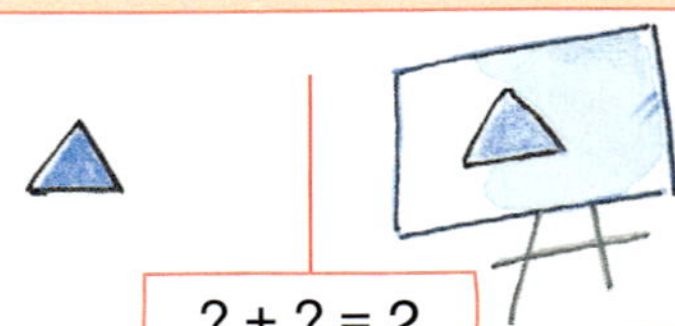
? + ? = 2

7

6 + 6 = ?

8
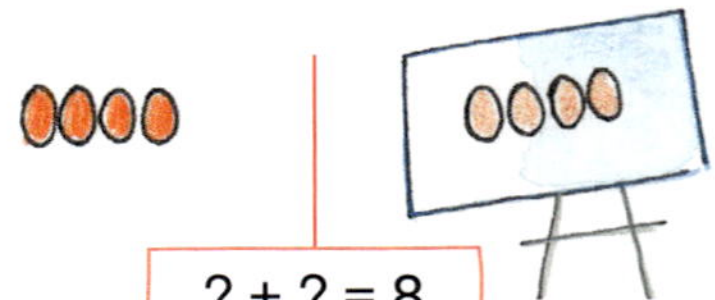
? + ? = 8

9

8 + 8 = ?

10

0 + 0 = ?

11
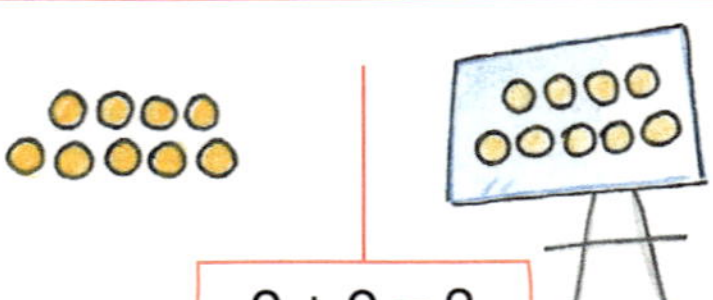
9 + 9 = ?

12

?

Lösung	14	12	6	20		16	2	0	1	4	18	10
Feld	6	12	11	2	9	1	8	5	3	10	7	4

Addiere und subtrahiere.

+	3	5
6	1	2
8	11	3

−	7	2
14	4	5
11	6	9

+	9	8
9	7	8
7	9	15

−	5	6
15	10	9
20	11	12

Lösung	18	11	14	7	16	13	4	10	12	15	9	17
Feld	5	8	7	11	3	4	1	12	10	9	6	2

1

$\bigcirc + 9 = 11$

2

$18 - \bigcirc = \bigcirc$

3

$20 - \bigcirc = 15$

4

$17 + \bigcirc = 18$

5

$\bigcirc - 5 = 6$

6

$\bigcirc + \bigcirc = 20$

7

$7 + \bigcirc = 14$

8

$19 - \bigcirc = 16$

9

$14 - 8 = \bigcirc$

10

$5 + 3 = \bigcirc$

11

$18 - 6 = \bigcirc$

12

$8 + \bigcirc = 12$

„Hast du ein Blatt Papier, damit wir schreiben können?“

Ellot: „Ich habe die neuen Sicherungs-Chips in die Maschine eingesetzt. Mixi und Fita, habt ihr den Zahlen-Code entschlüsselt?“
Mixi: „Ich glaube schon. Kommt wir geben ihn in die Maschine ein. Mal sehen, was passiert!“

Ellot: „Oh, super. Die Beam-Maschine scheint wieder zu funktionieren. Da bewegt sich auch schon etwas.“

Fita: „Ein Glück, da bist du ja wieder, Tesmo!“

Tesmo: „Oh ne, ach manno!“

Mixi: „Was hast du denn? Geht’s dir nicht gut?“

Tesmo: „Doch, aber musstet ihr mich denn schon wieder zurückholen?“

Ellot: „Spinnst du? Wir hatten total Angst um dich!
Und es war so knifflig, die alte Maschine wieder in Gang zu kriegen.
Dafür mussten wir sogar extra Rechnen lernen.“